目　次

福祉職場の新任職員が抱える よくある困りごと

東京都社会福祉協議会が過去に行った調査や研修アンケートをもとに、

福祉職場の新任職員が抱えるよくある困りごとの

架空事例を掲載しています。

皆さんの職場の新任職員も同じような

悩みを抱えているかもしれません。

解決のための考え方のヒントを各ページに載せているので、

新任職員の定着に向けて参考にしてみてください。

福祉職場の
新任職員・未経験者は
何に悩んでいる？

施設長 **先輩職員** のための

定着応援 ハンドブック

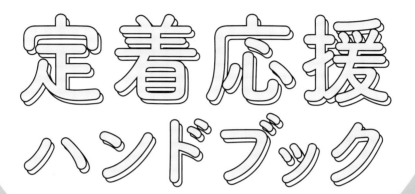

社会福祉法人
東京都社会福祉協議会

はじめに（本冊子のねらい）

1. 冊子作成の背景

　労働人口の減少や他業種の求人状況の動向等により、福祉人材の確保は厳しい状況が続いています。少子高齢化の進展や単身世帯、共働き世帯の増加など、社会構造の変化に伴って福祉サービスのニーズの増加が見込まれる中、人材不足は深刻な課題となっています。一方、景気動向等から、他業種からの転職者や福祉を学んだことがない学卒者などの「未経験者」が福祉分野に参入している状況があります。

　（公財）介護労働安定センター「令和2年度介護労働実態調査」によると、離職した介護職員のうち、勤続3年未満の職員が全体の約6割を占めているというデータもあり、新任職員の定着が介護業界、ひいては福祉業界の課題のひとつとなっていることが窺えます。人材不足解消のためには、新たな人材の確保につなげる取組みが大切なことはもちろん、現在働いている人材の育成・定着の視点も欠かせません。

　こうした状況をふまえ、東京都社会福祉協議会では、未経験者を含む「新任職員の定着支援」が人材不足解消の一助となると考え、施設・事業所が新任職員の定着に向けて活用できる冊子として、本冊子を作成しました。本冊子は、主に福祉施設の施設長、先輩職員の皆様にお読みいただき、職員定着に向けた取組みを振り返る機会としていただくことを目的としています。

2. 本冊子の利用にあたって

○ 本冊子で事例として紹介している「福祉職場の新任職員が抱えるよくある困りごと」は、本会が実施している「はじめて社会福祉を学ぶ福祉職員のためのスタートアップ研修」の事後アンケートや、本会が実施した「令和2年度　福祉職場の新任職員に関する実態調査」等から要素を抽出し、架空事例としてまとめたものです。

○ 事例に対する「解決のためのヒント」は、複数の福祉施設にヒアリングした内容を加工し、掲載しているものです。そのため、「解決のためのヒント」はあくまでも考え方の一例であることをご理解ください。

○「職員の育成・定着のために福祉施設・事業所が利用できる制度・助成金情報」に掲載している情報は、令和4年2月時点のものです。国や東京都の制度を基に作成しています。最新の情報は、各実施団体までお問い合わせください。なお、全ての制度について網羅しているものではありません。

令和4年3月
社会福祉法人東京都社会福祉協議会
令和3年度「未経験者の福祉職場への定着支援ワーキングチーム」

採用後のミスマッチ

入職前に思っていた仕事のイメージと 実際の仕事内容にギャップがある

> 今の施設に入職する前に求人票を見て、仕事内容と勤務条件が希望と合致していたので入職しました。しかし、実際に働いてみると思いのほか大変で、イメージと違っていました。
> また、シフト制ということもあり、連続した休みがなかなかとれません。入職前のイメージと入職後の現実のギャップに戸惑っています。

 ## 解決のためのヒント

A施設

採用時の面接で具体的に説明しています

採用時の面接は、必ず複数回実施しています。一次面接では、現実に即した状況を説明した上で、法人として求める職員像、給料体系、夜勤や交代勤務などの働き方の特徴を伝え、本人の意思を確認しています。本人の了解のもと、二次面接では見学や現場職員との面談等を経て最終決定しています。

B施設

インターンと上司の聞き取りを実施しています

施設説明会で勤務形態を具体的に伝えたり、インターンや体験実習を受け入れることで仕事内容のイメージが持てるようにしています。また、入職後は上司が本人の仕事の状況などを聞き取ります。その際は、事業所としてできることと、できないことはきちんと伝え、疑問がないようにしています。

C施設

休暇の希望日を事前に聞いています

働き方や休み方の不満を軽減するために、毎月希望休(月3日まで)・希望勤務(月2日まで)の聞き取りをしています。他にも、5日間のリフレッシュ休暇取得を推奨しています。希望時期を年度初めに出してもらい、管理職が調整して各自取得しています。

人材育成 ①

先輩によって仕事の仕方、教わる内容が異なる

　利用者さんに対する支援方法や職場ならではのルールなど、覚えることで精いっぱいの1年目の私にいろいろな先輩が教えてくれます。しかし、先輩によって指導内容や方法が違うため、混乱してしまいます。
　また、職場内のマニュアルの内容が更新されていないため、都度先輩に聞かないと分からないことが多く戸惑っています。

 解決のためのヒント

A施設

マニュアルを委員会で見直し、すぐに周知しています

マニュアル検討委員会を設置し、随時見直しをしています。より良い支援方法について日々会議等で討議し、支援の変更がある場合は、その日のうちに周知するようにしています。

B施設

会議で指導方法の均一化を図っています

OJT制度を活用し、新任職員が先輩にマニュアルの内容などを確認できるしくみを設けています。OJTを担当する先輩職員の育成も重要と考え、OJT担当者会議を実施しており、指導方法の均一化を図るとともに、OJT担当者が不安を抱えないようにしています。

C施設

いろいろなアプローチの仕方があると
考え方のアドバイスをしています

ケアを標準化するため、各ケアのマニュアルを作成し、それをもとに研修を行い、随時更新もしています。同時に新任職員には、一つの方法だけでなく、いろいろなアプローチの仕方があると伝えています。

人材育成 ②

福祉の基本的な知識・技術が不足している

他業界から転職し、初めて福祉の仕事に就きました。
「利用者主体」や「QOL」など聞き慣れない専門用語や略語が多く、覚えるのが大変です。ある程度は分かっているだろうと思われ、先輩たちからは指導を受けるので、質問すること自体気が引けます。介助技術や処方薬に関する知識も不足していて、生活状況の把握が遅れる不安があったり、「あの時これを知っていれば伝えられたのに」と思うことも少なくありません。

 ## 解決のためのヒント

内部で行う研修を実施しています

未経験者や中途採用者向けの新任職員研修を年間の研修計画に組みこんでいます。「法人理念」「自閉症の基礎知識」「生活介護等具体的なサービス内容」等の研修を、現場に負担をあまりかけないようにしながら毎月の職員会議の後に実施しています。

A施設

OJT制度を導入し、質問しやすくしています

私たちの施設では、個別に担当の先輩職員が付くOJT制度を取り入れ、新任職員の育成に取り組んでいます。質問すること自体気が引けてしまうという気持ちに寄り沿って「質問をしやすい雰囲気づくり」を心がけ指導にあたると同時に、新任職員自身が自ら考え、行動に移せるよう促しも行っています。

B施設

Off-JT研修を用意しています

入職時に支援の基本を学べる新任職員向けの「基本コース」研修を用意しています。内容は「障害の特性」や「支援方法」などについてです。
福祉を学んだことがなくても理解できるよう、基礎知識などを分かりやすい表現で伝える研修にしています。

C施設

人材育成 ③

OJTの先輩から十分な指導が受けられない

入職1年目の私には、OJTの先輩職員が付いてくださっています。しかし、その先輩は日々忙しそうにしており、気軽に相談することができません。

自分の仕事に加え、OJT担当を職場から任命されているからか、OJTをしぶしぶ行っている様子もあります。どのように接したら良いか困っています。

 解決のためのヒント

OJT担当者を複数配置しています

OJT担当者とは、日々業務の中で振り返りを行います。その中で気軽に質問できるような雰囲気づくりやチームで育成することをねらいとしてOJT担当者の複数配置等の工夫をしています。

A施設

OJT担当者の育成に力を入れています

OJT担当者と新任職員が毎月1回何でも話せる時間を設けています。また、OJT担当者の育成、サポートのため、OJT担当者会議で育成を行い、必要な配慮事項があれば管理職からOJT担当者に伝えています。

B施設

施設全体で新任職員をサポートします

OJT担当者以外の職員も新任職員に一声かけるなど、気にかける雰囲気をつくっています。また、施設長、上司も都度、新任職員の相談を受け、改善策を検討するなど全体でサポートしています。

C施設

OJTで伝えたいことを整理してみましょう

目　的

　次のページに掲載しているシートは、OJT担当者が新任職員を指導する前に、＜教えたい仕事＞、＜指導者としての私のこと＞を整理するためのシートです。

　OJT担当者が教えたいこと、教え方を整理するために、このシートを活用してみてください。

手　順

(1) 「OJT事前確認シート」を上から順に記入します。

(2) ［教えたい仕事］欄内「②主な仕事の手順」については、10ページの「主な仕事手順の整理シート」を活用して整理します。

★「OJT事前確認シート」、「主な仕事手順の整理シート」は下記URLから
ダウンロードいただけます。

東京都社会福祉協議会
「施設長・先輩職員のための定着応援ハンドブック」
ワークシートダウンロードページ
https://www.tcsw.tvac.or.jp/chosa/teichakuouen_worksheet.html

OJT事前確認シート

[教えたい仕事]

①仕事のタイトル

②主な仕事手順⇒次ページの「主な仕事手順の整理シート」に記入

③その仕事を教えるのに必要な資料や機材

④その仕事の仕方は何に基づくのか(業務標準・先輩からの指導・独自など)

⑤その仕事の仕方に改善点や検討事項はないか

[指導者としての私のこと]

①なぜ、その仕事を伝えたいと思ったか

②自分のコミュニケーションの特徴

③自分が思う相手のコミュニケーションの特徴

④自分と相手のコミュニケーションの特徴をふまえた指導のポイント

※本シートは東京都社会福祉協議会 東京都福祉人材センター研修室が実施する「中堅職員重点テーマ強化研修」にて使用のワークシートをもとに作成

主な仕事手順の整理シート

	主な仕事手順	仕事のポイント 仕事をしやすくするには／ ミスやケガを防ぐには
1		
2		
3		
4		
5		
6		
7		

※本シートは東京都社会福祉協議会 東京都福祉人材センター研修室が実施する「中堅職員重点テーマ強化研修」にて使用のワークシートをもとに作成

人材育成④

利用者への接し方が合っているか分からない

利用者さんそれぞれに障害や病気による特性があり、支援の方法が異なります。どのようにコミュニケーションをとれば良いか、自分の接し方はこれで合っているのか分からず不安になります。

 ## 解決のためのヒント

A施設

○JTや会議の中で悩みを聞きます

○JT担当者との毎日の振り返りや、月1回の会議の中で新任職員の困りごとや悩みを聞く機会を設けています。

B施設

専門職に確認できる環境があります

○JT担当者とシートを用いた振り返りのほか、施設内に看護師や理学療法士などの専門職がいるので専門的なことを質問したり確認できる環境があります。同時に専門職との連携や相互に働きかけることの重要性について新任職員に教えています。

C施設

質問しやすい環境づくりを意識しています

大切なことは、質問しやすい環境づくりだと思います。上司や先輩職員が忙しければ話せる時間を別途設定して対応しています。先輩職員の人材育成の1つの視点として、新任職員が理解しづらく困っていることを察知することを先輩職員、上司には求めています。

評 価 と 処 遇 ①

思ったよりも早く責任のある立場になりそう

今の事業所は常に人員不足で悩んでいます。ここで働き始めてもうすぐ3年経とうとしているところですが、定期面談時に上司から「次年度からチームリーダーを任せたい」と言われました。知識も経験も浅く、責任がある立場で仕事ができる自信がありません。給与も含めて5年後、10年後どのようなキャリアステップをふんでいくことになるのか不安です。

解決のためのヒント

A施設

昇任選考により任命、研修を受講してもらいます

管理職以上は昇任選考により任命します。
昇任選考合格後は、必要な視点や考え方が学べるよう、その職位の任用前までに「任用前研修」を受講できるようにしています。

B施設

等級制度により任命しています

等級制度を設け、客観的な評価を基にその等級の職員から各役職を任命しています。等級制度を設けることで、キャリアステップを可視化しています。

C施設

自分の思いと法人の期待をすり合わせるようアドバイスしています

自信がない、不安があることをきちんと上司が聞き取るようにしています。その上で、法人がその職員に期待していることや評価していることを話して、自分とのギャップを埋めていくようアドバイスします。

評価と処遇 ②

1年目でどこまでできていれば良いか分からない

福祉業界未経験で入職して1か月が経ちました。先輩に教えてもらいながら1日でも早く業務に慣れるよう励んでいますが、同じことを何度も質問してしまい申し訳ないと思っています。先輩と比べてできていないことも多く、焦りを感じます。上司が自分に求めている成長が自分にできるか不安です。例えば1年目ではどこまで何ができていると良いのでしょうか。

解決のためのヒント

シートを用いて1年後の姿を明確にしています

OJT担当者とともに育成計画書を作成し、1年後の姿を明確にしています。また、2年目までに身に付けたい知識・技術・態度について達成目標がまとまったシートを活用し、1年間の計画で育成をしています。

A施設

チェックリストを活用しています

新任職員は最初の一か月間は業務チェックリストを用いて日々確認を行っています。このチェックリストが1年目に求められる業務内容となります。併せて上司からは成長を期待する項目を新任職員へ伝えています。

B施設

一緒に目標設定を行っています

人事考課(目標管理)を行っています。上司がどこまで期待しているかをふまえ、本人の目標を一緒に考え、設定します。月1回は振り返り、半年後に向けて取り組んでもらいます。

C施設

参考

新任職員の指導・育成計画を立ててみましょう

目　　的

　本シートに記入することで、まず強み、育成が必要な点、期待すること等新任職員の現状を明らかにすることができます。そして、これらをもとに、新任職員をどのように育成するか、計画を立てることができます。

　新任職員の育成の計画立てに、本シートをご活用ください。

手　　順

(1) 対象者のこれまでの経歴や資格などを記入します。（①）

(2) 現在担当している職務や役割を具体的に記入します。〈現在のポジションや近い将来に向けどのようなことを期待しているか等。〉（②）

(3) 対象者の強みとして強化すべきところを記入します。（③）

(4) こちらが示す期待水準の達成に向けて、指導対象者の育成・向上に必要となることを記入します。（④）

(5) 対象者の「持ち味」と「育成が必要な点」をふまえ、育成担当者として指導にあたる上で示すべき基本方針を記入します。これに基づき具体的な指導項目や指導方法を計画します。（⑤）

(6) 「持ち味」や「育成が必要な点」を前提に、今期の重点指導項目を明確にし、今期はどのレベルまで修得させるか、目標レベルを具体化します。（⑥）

(7) 指導項目に応じて、実際にどのような機会や場所で、どのような指導を行うか指導方法を具体化します。スケジュール化できるものは、期日や日数を入れます。（⑦）

★「新任職員指導・育成計画書」は下記URLからダウンロードいただけます。

東京都社会福祉協議会
「施設長・先輩職員のための定着応援ハンドブック」
ワークシートダウンロードページ
https://www.tcsw.tvac.or.jp/chosa/teichakuouen_worksheet.html

新任職員指導・育成計画書
〔　　　　　年度〕

育成対象者氏名	
育成担当者氏名	
作　成　日	

---

1. 現状分析

（1）年齢およびキャリア

（2）現在担当する職務/期待水準

（3）現状(持ち味/育成必要点)

① 持ち味	② 育成が必要な点

2. 今期の指導育成計画

（1）育成担当者としての育成方針

(2) 指導項目(目標レベル)	(3) 指導方法/スケジュール

※本シートは東京都社会福祉協議会 東京都福祉人材センター研修室が実施する「チームリーダー重点テーマ強化研修」にて使用のワークシートをもとに作成

記入例

新任職員指導・育成計画書
〔　令和4　年度〕

育成対象者氏名	○○　□□さん(2年目)
育成担当者氏名	△△　●●
作成日	令和4年▲月▲日

1. 現状分析

（1）年齢およびキャリア

30歳。これまで自営で販売の仕事をしてきたが、今後のことを考えて令和3年4月に当施設に入職。学生時代はコンビニなどで販売の仕事を経験。福祉未経験。初任者研修修了、簿記2級。

（2）現在担当する職務/期待水準

先輩の指導を受けなくてもルーティンワークをこなしている。広報委員会ではSNSを使いイベント情報などを毎月発信している。次年度4月入職予定の新人の指導役を期待している。

（3）現状(持ち味/育成必要点)

① 持ち味	② 育成が必要な点
・新たな知識や技術などの習得に熱心で、決められた業務は着実に身につけている。 ・難しいことにでも積極的にチャレンジし、自分自身の行動を冷静に振り返ることができる。	・責任感が強く、仕事を抱え込みやすいため、チームケアの一員として仕事ができるようになる。

2. 今期の指導育成計画

（1）育成担当者としての育成方針

- 仕事に対する積極性を生かしながら、4月に入職する新人の指導役を担当し、一人前に育て上げることができるように支援していく。
- また、チームケアの一員として仕事に取り組めるよう、振り返りの機会などを活用して声掛けを行う。

（2）指導項目(目標レベル)	（3）指導方法/スケジュール
① 指導方法の基本を習得する。 ② 新人のルーティンワークに必要な業務マニュアルを改めて確認する。 ③ 階層別の研修に参加し、組織人としての自覚を強める。	① OJTリーダー研修を受講(3月)し、月に1回の面談で指導状況を確認する。 ② 指導に必要な業務マニュアルの見直しのため、ミーティングを6月と12月に開く。 ③ 東社協のキャリアパス対応生涯研修過程初任者コースを受講する。(5月ごろ)

※本シートは東京都社会福祉協議会 東京都福祉人材センター研修室が実施する「チームリーダー重点テーマ強化研修」にて使用のワークシートをもとに作成

16

評価と処遇 ③

目に見える成果が得られず、モチベーションが保ちにくい

他業界から転職してきました。前の職場では「売上」など明確な数値目標がありました。支援計画に沿って支援しても達成度が利用者や支援者の主観によるので目に見える成果が得にくく、モチベーションがあがりません。

 解決のためのヒント

A施設

目標をスモールステップで設定しています

OJT制度を活用し、やりがいやモチベーションの持ち方について話す機会を持っています。また、支援計画は「スモールステップで・具体的に・誰が見ても同じ視点で評価できるもの」に設定しています。利用者の変化が目に見えてわかるように工夫しています。

B施設

数字だけでは評価できない要素の重要性を伝えています

私たちの仕事は必ずしも定量で評価できるものではありません。例えば、自身の成長と考え介護のスキルを磨き上達をめざすことなど、数字だけでは評価できない要素の重要性について伝えています。

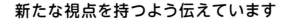

C施設

新たな視点を持つよう伝えています

介護業界でも稼働率やリピート率など数量的達成度は存在します。他業界で養ったノウハウを活かして、利用者様満足度調査等を取り入れれば、今まで見えてこなかった課題等が抽出できるかもしれません。「新しい課題に挑戦することをモチベーションの糧にしてはどうか」と伝えています。

メンタルヘルス（ワーク・ライフ・バランス）

仕事に慣れず、精神的・身体的につらい

　服薬管理や健康状態の観察など利用者さんの生命にかかわる仕事であり、その責任の重さを痛感し、プレッシャーに感じています。
　また、シフト勤務や夜勤など新しい環境への変化もあり、生活リズムに慣れず、身体的にも精神的にもつらく感じています。

 解決のためのヒント

A施設

定期面談やシフト調整を活用しています

OJT担当者との振り返りや上司との定期面談の場で、健康面や精神面についての相談の場を設けています。また、シフトに関しては本人の状況や業務水準の進捗によって配慮するようにしています。

B施設

リスクマネジメントに取り組んでいます

複数人での勤務体制や、緊急時に他の職員が駆け付けられるようなしくみの導入など、孤独を感じないようにヘルプを出せるような工夫や緊急対応時のフローチャートを提示し、行動に迷わないよう周知しています。

C施設

組織全体で応援体制を組んでいます

厳しい仕事であるからこそ、人材育成には総力を挙げた応援体制が必要です。命の大切さを知ることから少しずつ慣れていってもらい、失敗は責めず、原因をチームで検討することでチームとしての成長につなげています。

職場環境と風土

職場の風通しが悪く感じるので、他の職員に話しかけにくい

　入職してしばらく経ちますが、職場全体の雰囲気が悪く感じられます。日々業務に追われているため、他の職員とゆっくり話す機会がなく、気軽に話し合える雰囲気がないように思います。先輩の中には仲たがいしている職員もいるように思うので、風通しが悪いです。

解決のためのヒント

A施設

担当部署を通じて職場風土の向上をめざしています

職場風土の向上は、利用者の権利擁護にも通じるので人権擁護課や職場風土向上課を通じて取り組んでいます。具体的な例として他者(利用者・支援者共に)の良いところを見つけて書き出す「良いところ探し」、肯定的な言葉を使うための訓練をする「肯定語選手権」等があります。

B施設

職場内で職員同士が話し合える場をつくっています

毎日実施する全体のミーティングや研修でのグループワーク、月1回の部署・経験年数・年齢を超えたコミュニケーションの場の設定等を通して、職場内で職員同士が話し合える場を意識的につくっています。

C施設

職場内部活でコミュニケーションを育んでいます

テニス、釣り、自転車、キャンプなど、20代から60代の職員が分け隔てなく付き合う場としてクラブがあり、コミュニケーションを育んでいます。厳しい職場だからこそ、オンオフを大切にしています。

新任職員の定着に向けた課題を可視化してみましょう

目　的

　新任職員の職場定着を図るには多様な課題があります。しかしながら、その全てに一斉に取り組むことは難しいでしょう。

　まずは組織として問題・課題を整理し、取り組むべきテーマ・解決策に優先順位付けを行う必要があります。また、一部の担当職員任せではなく、法人・事業所として、一丸となって新任職員の職場定着に向き合うことが重要です。

　職場全体でこれを考えるきっかけとして、本シートをご活用ください。

手　順

(1) 個人ワークとして「新任職員の職場定着における問題」を書き出します。(①)
　　※課題のヒントとして、本冊子4〜19ページに掲載の「福祉職場の新任職員が抱えるよくある困りごと」を参考にしてみてください。

(2)その意見をグループ内で共有して整理します。(②)
　　※上記①②は付箋紙を使って整理するとより効果的に行えます。

(3)課題の優先度を考える上での指標(緊急性・重要性・経済性・実現性など)を定めます。(③)

(4)課題に優先順位をつけます。(④)

(5)「課題の構造化シート(1)」で整理した「取り組むべき課題の上位1位〜3位」を横に並べます。(⑤)

(6)個人ワークとして「課題解決に向けた具体的取組み」を書き出します。(⑥)

(7)その意見をグループ内で共有して整理します。(⑦)
　　※2・3位も同様の手順。　※上記は付箋紙を使って整理するとより効果的に行えます。

(8)「課題解決に向けた具体的取組み」の優先度を考える上での指標(緊急性・重要性・経済性・実現性など)を定めます。(⑧)

(9)「課題解決に向けた具体的取組み」に優先順位をつけます。(⑨)
　　※2・3位も同様の手順。

★「新任職員の定着支援における課題の構造化シート」は下記URLからダウンロードいただけます。

東京都社会福祉協議会
「施設長・先輩職員のための定着応援ハンドブック」
ワークシートダウンロードページ
https://www.tcsw.tvac.or.jp/chosa/teichakuouen_worksheet.html

新任職員の定着支援における課題の構造化シート(1)

＜新任職員の職場定着における問題＞

○ 入職前と入職後の仕事内容に関するギャップ

○ 専門用語や略語が職員間で明確に共有されていない

○ 職員によって指導方法・内容が異なる

○ 利用者支援における不安

○ OJT制度が不十分

○ キャリアパスがよく分からないので不安

○ 成果を感じにくく、モチベーションの維持が困難

○ プレッシャーが大きくてメンタル的につらい

○ 職員間の風通しが悪い

＜課題の優先度を考える上での指標＞

(例：緊急性・重要性・経済性・実現性など)

指標：重要性及び緊急性

選択理由：利用者の方の安心・安全に直結するため

取り組むべき課題	優先順位
入職前と入職後の仕事内容に関するギャップをなくす	5位
専門用語や略語の共有化	3位
職員による指導方法・内容の標準化	2位
利用者支援における不安の解消	1位
職員間の風通しを良くする	4位

※本シートは東京都社会福祉協議会 東京都福祉人材センター研修室が実施する「チームリーダー重点テーマ強化研修」にて使用のワークシートをもとに作成

新任職員の定着支援における課題の構造化シート(2)

＜課題の優先度を考える上での指標＞：重要性及び緊急性

優先順位	1位 ⑤	2位	3位
課題	利用者支援における不安の解消	職員による指導方法・内容の標準化	専門用語や略語の共有化
課題に対する具体的取組み	新たにOJT制度をもうける ⑥ ⑦		
	OJT担当者との面談の機会を増やす		
	ケース検討会を開催する		
	看護師や保健師といった専門職からも意見も聞ける場をもつ		
	同期・同世代の職員と情報共有できる機会をつくる		
	利用者の方の障害や病気について学ぶ研修会を開催する		

＜取組み優先度を考える上での指標＞

⑧ 指標：実現性
選択理由：取り組みやすい内容からまずは始めてみる

取組み優先順位		
	1位	OJT担当者との面談の機会を増やす ⑨
	2位	同期・同世代の職員と情報共有できる機会をつくる
	3位	利用者の方の障害や病気について学ぶ研修会を開催する

※本シートは東京都社会福祉協議会 東京都福祉人材センター研修室が実施する「チームリーダー重点テーマ強化研修」にて使用のワークシートをもとに作成

MEMO

取組み事例

新任職員、未経験者の定着に向けて、工夫して取り組んでいる

高齢、障害、児童分野の6施設の取組みや

その取組みに至った背景、想いを伺いました。

新任職員、未経験者の定着への

取組みの参考にぜひお読みください。

P25

case.1
障害者支援施設

社会福祉法人 龍鳳
ライフパートナーこぶし

P29

case.2
特別養護老人ホーム

社会福祉法人 清心福祉会
ファミリーマイホーム

P33

case.3
児童養護施設

公益財団法人 生長の家社会事業団
生長の家神の国寮

P37

case.4
地域密着型介護老人福祉施設

社会福祉法人 泉陽会
新町光陽苑

P41

case.5
知的障害者支援施設

社会福祉法人 槇の里
いすみ学園

P45

case.6
特別養護老人ホーム

社会福祉法人 北野会
マイライフ徳丸

case.1 障害者支援施設

育成体制はもちろん当たり前の「原理原則」が職員を定着させるキーです。

サービス管理責任者
坂口 麻衣子さん

施設長
貝沼 寿夫さん

社会福祉法人 龍鳳
ライフパートナーこぶし

https://www.fukushiryuhoh.or.jp/kobushi/

［法人施設数］3施設　［当該施設職員数］49名（2022年2月現在）

　ライフパートナーこぶしの名称は、敷地内にしっかりと根をおろしていた三本の「こぶし」の大樹をシンボルにしたものです。

　ライフパートナーこぶしでは、新任職員の育成について、新任職員1名につき複数の職員が付くOJT制度や年6回の障害者の基本コース研修などを設けています。これらのしくみの中には、挨拶をする、ルールを守る等の当たり前のことを当たり前に行う「原理原則」の考えを落とし込んでいます。

　また、職場の良好な人間関係を維持することも人材定着に大切な要素と考え、職場内プロジェクトを設けています。それぞれの課から「肯定語選手権」や「座談会」などさまざまな人材定着に向けたアイディアが出ています。その取組みと背景にある考えを伺いました。

新任職員の育成とフォローのためにOJTを重視

ライフパートナーこぶしでは、新任職員が「楽しい」「できた」など、成長を感じられるような仕掛けづくりを積極的に推進しています。例えば、OJT、Off-JT、SDS（自己啓発援助制度）を実施しており、その中で今一番取り組んでいるのはOJTです。

OJTは、新任職員1名につき2名のトレーナーが付いてチームを形成し、そこにチームリーダーが加わり、合計3名の職員で育成する形をとっています。トレーナーは、概ね3〜4年目の職員を中心としており、相手の立場に立って物事を考えられることが一番大切だと考え、選んでいます。また、OJTはトレーナー自身の学びの場でもあるので、サポートする態度やコミュニケーション力の高さを持ち、法人の将来を担って活躍できると期待できる人材を中心に置いています。2年目以降の職員にもトレーナーが1名付いてマンツーマンで指導していくというスタイルをとっており、何か相談や悩みがあれば、まずトレーナーに相談するという手順になっています。また、OJTの中では、新任職員自身が1年後の自分の姿を明確化できる育成計画書や、2年目までに身に付けたい知識・技術・態度について認識できるスキルUPシートを設けています。これらによりOJTのすべての内容が人事考課制度とひもづき、設定した目標をトレーナーと新任職員が協力して達成できるようになっています。先輩職員がマンツーマンで付くことにより、達成度もアップしやすく、周りの職員も巻き込んで施設全体で育成の協力体制を構築しています。

ライフパートナーこぶしでは、スキルを身に付けることも大事だと考えていますが、「やろう」としている姿勢や、何歳になっても学ぼうとする態度を重視して評点を付けるようにしています。例えばスキルUPシートには「やりたいこと・思いついたことを周囲に話している」、「職場風土を良くするために、自分ができることは何かを考え、実践することができている」などの項目があります。「1」など低い点数が付いた時には、本人はもとよりトレーナーの責任でもあります。そのため、「うまく指導できていない理由があるのではないか」等をトレーナー会議で話し合い「どうしたら

新任職員と先輩トレーナーによるチームビルディング研修

相手の理解に結びつくか」、「私たちが工夫できる所は何か」を協議しながらすすめています。

新任職員が最初に直面する壁は毎年似通っていて、利用者との関係性でつまづくことです。そんな時にはOJTのトレーナーや周りの職員が「大丈夫。私もあったよ、あの先輩もそうだったよ」とフォローすることで新任職員も安心できます。このように気軽に言葉を交わしながら新任職員を支えていく良い関係性が施設全体でできているのも、職員一人ひとりの努力と思いやりの成果です。

Off-JTでは講師とも密接な関係性を確立

研修も重要な事項と位置付け、整備しています。具体的にはOff-JTとして階層別に研修を組んでいます。新任職員向け研修は障害の特性の基本から理解してもらうように障害者の基本コースを設けていて、年6回実施しています。内容としては「自閉症やダウン症等の特性」や「心理検査の内容理解」、「障害のある方とのコミュニケーションのとり方」等の学びを実践しています。

また、8年前からサービス管理責任者以下の全職員を対象とした、支援に関する知識や技術が身に付けられる研修も実施しています。神奈川県にある知的障害者施設の法人の理事長に依頼し、7コースの研修を1か月毎に実施してもらい、全員年6回以上受けることになっています。開始当初から受講してきた職員は、講義以外でも何か現場で困ったことが起きたら講師に相談する等嬉しい副産物も生まれています。講師も職員それぞれの人となりを知ってくれてい

るので、それぞれの特性や理解度に応じて研修をすすめられることも利点になっています。ライフパートナーこぶしでは実践報告会や実践研究の学会発表等も実施しており、その指導もあおいでいます。それにより学術的な視点も持てるようになってきており、職員のさらなるスキルアップにもつながっています。

さらに法人でさまざまな研修を実施していて、より積極的に自己啓発をしてもらえるようなしくみを構築しています。

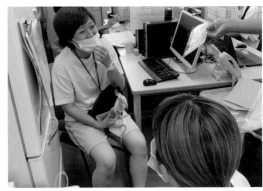
入浴支援トレーニング前の最終チェック

さまざまな職場内プロジェクトで活性化を図る

ライフパートナーこぶしでは、職員間交流の活性化や成長等を目的に、働き方改革プロジェクト「やったる課」や人権プロジェクト課、研修を組み立てる課や行事を企画する課、余暇を考える課等、さまざまな職場内プロジェクトが動いています。課に参加する職員の職層の限定はなく、年末に所属希望についてアンケートをとって、本人の希望や業務の遂行能力、適正を見ながら、1名が複数の課に参加する形で配置をしています。

各課の課長には、4～5年目以降の中堅層を選出し、その課長とサブの職員が中心となって、法人の経営計画や組織図に示した各課の職務分担などに基づいて1年間における運営計画やそれに対する予算計画も立てます。それにより課自体が小さな会社感覚として捉えられ、マネージジングや経営的なスキルも積み重ねることができ、裁量権があるので職員自身のやりがいもアップします。「その経験をもとに、次は管理職候補として活躍してもらいたい」という期待を込めた一種のキャリアモデルのような形にもなっており、若いうちから経営の感覚を身に付けられるのもライフパートナーこぶしの特徴のひとつです。

働き方改革プロジェクト「やったる課」では、職場におけるさまざまな環境改善やより良い雰囲気づくりに取り組んでいます。短時間勤務の導入や、職員同士の交流活性を目的に月に1回程度の座談会の開催を行っています。座談会は強制ではなく、集まれる人が集まる形をとっていて、以前は対面でしたがコロナの影響で現在は

リモートで行っています。進行の仕方は、例えばボードゲームが趣味の職員がいるため、ボードゲームを通してコミュニケーションをとったり、食べ物を話題にするなどさまざまな内容で展開しています。また、有給休暇取得の奨励も行っています。職員全員で有給を取るための応援やフォローを積極的にする風土ができているので、ライフパートナーこぶしが奨励している資格を取得するための試験や自己研修等で有給をとる例は多くなっています。

人権プロジェクト課では、利用者や支援者の良いところを見つけて書き出す「良いところ探し」や、肯定的な言葉が自然に口をついて出るようにするための「肯定語選手権」なども実施しています。肯定語が飛び交う職場風土になれば、それは利用者の権利擁護にもつながるという背景もあるからです。

ライフパートナーこぶしは若い職員が多く、それぞれの課において彼らならではの面白い発想によるアイディアが沢山出てきます。それにより施設全体が活性化しています。また、アイディアを積極的に採用することによって若い職員達も達成感を得ることができています。

課の活動の中では課題を見つけるという視点もとても大事にしています。例えば、課長に「余暇という切り口から施設を見た時に、その課題とは何だろう」と考えてもらいます。課題と解決策を計画案に盛り込むため、自分が抽出した課題に対して解決策を用意して解決できれば達成感にもつながります。

実はこのような取組みを行った背景には離職問題がありました。約8年前、連続して複数人の退職者がでた時期があったからです。当時は、何

をするにしても上意下達ですすめていたため、それに対する不平不満があったことが原因のひとつにもなっていました。その苦い経験をもとに、何かをやる時には、職員たちに対してきちんと説明し同意を得た方が良いと学びました。

そこから「人＝職員が育つ視点と利用者が育つ視点は一緒」という考え方、そして施設長のトップとしての考え方や想いを職員全体に伝えることも大事にしながら改善をすすめてきました。できるだけトップダウンではなく、職員からの意見をきちんと吸い上げようという観点からです。このように少しずつですが改善を重ねて、現在のOJTやOff-JT、研修体系などを確立してきました。しかし、もちろんこれで完成ということではなく、さらにより良いものにするために、職員たちの声を拾い上げながら、すすめていこうと考えています。

「原理原則」の考え方で利用者と職員に接する

施設長の貝沼さんは「新任職員の育成や職員の成長、施設全体の発展を考える時に基本的にそれほど難しく考えなくて良いと思う。なぜなら、当たり前のことを当たり前にやるという『原理原則』というものは、昔からずっと変わらないと考えているから」と話します。続けて「人間関係は、その場の空気も影響するし、組織も同じだと思う。極端な話、私がいつも怖い顔をして叱ってばかり怒ってばかりだったら、そんな職場には私だったら行きたくもないし、もっといい職場に移った方が良いと思うはずで、利用者さんも同様。支援中にこちらが叱ってばかりいたら言うことを受け入れてくれないし、こちらが心から笑っていないと笑ってくれない。障害があろうがなかろうが、人間は全部同じで何も変わらないはず。そういう意味で原理原則的に雰囲気や人間関係が良ければ、新任職員も定着してくれるだろうし、職員も気持ちよく働き続けてくれると思う。挨拶をちゃんとしよう、ルール守ろう、嘘や悪口は言わない等々。日常の生活の中で自分が嫌だなと感じることをやらない、逆に言えば、心地良いと思える当たり前のことを当たり前にやっていけば、より良い職場になっていくのだと思う」と考えています。

先述のスキルアップシートにも、態度を重視する等、当たり前のことがしくみとして入っています。つまり、しくみ＝原理原則です。肯定語選手権にも原理原則の考えが含まれています。

また、貝沼さんは「ライフパートナーこぶしは入所施設なので、今ここで私たちが求められていることは、さまざまな困難を抱えた重度の方を支援すること。その支援の過程の中でのキーワードは「発達」「成長」であり、そこに込めたのは、知的障害の人たちが今はできないことや理解できないことがあるけれども、それが少しでも『できた』とか『分かった』につながるように支援したいという想い。そして、その人の良い面にフォーカスすれば、おのずと人権も守られていくという視点。これは職員育成も同じで、あそこができてない、ここがダメというよりは、あなたはここが良いよね、ここがすごい、これをやってくれてありがとうと伝える方がお互い心地良い。そして、あなたはこういうことが得意そうだから○○課に入ってくれない？と施設体制の活性にもつながっていけば、良い所もちゃんと見てもらっているという安心感が組織の中で充たされるはず。そうすれば新任職員も定着してくれるはずだし、職員の誰もがこの仕事を頑張って続けようと思ってくれるだろう。なので、原理原則で全部をつなげて考えることが私はとても大事だと思う」と語ります。

case.2
特別養護
老人ホーム

育成制度と
評価制度の見直しにより
新任職員の定着を実現。

施設長
田代 航也さん

デイサービスセンター
センター長
清水 正喜さん

社会福祉法人 清心福祉会
ファミリーマイホーム
http://www.seishinfukushikai.jp/familymyhome.html

［法人施設数］39施設 ［当該施設職員数］89名（2022年1月現在）

　ファミリーマイホームでは、5〜6年前に既存の育成マニュアルが機能しておらず、指導が統一されていないことによる新任職員の退職が相次いだ時期がありました。この状況を受け、育成制度を大幅に見直し、統一した指導方針を示し、新任職員の育成目標を明確にしました。

　また、人事考課を見直し、優れた職員を表彰する「ベストマナー賞」を継続して実施することで、職員のやりがいを維持させ、定着につなげています。

　社会人としての基本的なマナーや接遇の底上げは、職員間、対利用者との信頼関係を築き、組織全体の意識向上になるという考えのもと、時間をかけて意識化をすすめています。

新任職員を育て定着させる育成計画書を導入

　ファミリーマイホームでは、5〜6年前まで新任職員が相次いで退職する事態が続いていました。その背景には、当時の「育成マニュアル」が機能しておらず、新任職員への指導方法が統一されていないということがありました。その状況を改善するために導入したのが「エルダー制度」と、新任職員を育て定着させるための「育成計画書」です。導入にあたっては、すでにエルダー制度やトレーナー制度を導入している社会福祉法人の取組みを参考にしました。まず、新任職員の育成担当職員を対象とした研修を法人内で企画し、育成担当者の任命と意識の統合を図りました。研修では、外部講師を招き、新入職員に1年後にどうなっていたいのかというイメージ像を具現化し、そのためのOJTプログラムや育成マニュアルの内容を協議、検討しました。その際に重視したのは、外部講師が作成した内容をそのまま活用するのではなく、参加した育成担当者同士で育成イメージを共有しながらつくり上げていくことで、より新任職員の立場になって考えていくということでした。この協議、検討には最も時間をかけて取り組みました。

　それらの検討を経て完成したのが、「育成計画書」と「業務到達度チェック表」です。新任職員がめざす成長の目標と期間を明確にし、育成担当職員と新任職員が共通の目的意識を入職初日から共有していく体制を構築しました。そこから入職1日目、3か月、半年、1年後の業務到達度を新任職員と振り返りながらじっくりと育成することを念頭に置き、それが新任職員にとって自己成長の指標になることを意識しました。

　新任職員の現時点での業務到達度や個人目標が可視化されていることで、育成度合いが職員全員に共有され、育成担当職員以外の職員が新任職員に付いてもスムーズにフォローすることができるようになります。この統一された育成制度により、偏りがなく一定の質を保った職員を育成することができ、育成担当者の心身の負担も軽減されつつ、新任職員にとってもやりがいにつながっています。また、どこの事業所や職種に異動になっても職種ごとに同様の書式を作成しました。施設長の田代さんは「自分自身が新た

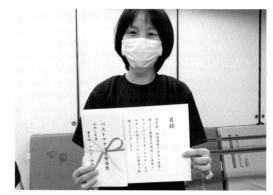

ベストマナー賞を受賞した職員

な新任職員を育成できるような人材になってほしい」と話します。

　また、ファミリーマイホームでは新任職員対象のオリエンテーションの際に、施設や業務理解、モラルについての相互理解を入職初日に共有しています。例えば、ファミリーマイホームでは男性職員のいわゆる「お洒落ヒゲ」を認めていません。人によって価値観に違いは必ずあると考え、まず初めに施設のモラルやルール、接遇における職員のあるべき姿等を説明しています。その上で「ファミリーマイホームでルールをきちんと遵守して働けるか」といった確認をする等、入職時にボタンの掛け違いがないように努めています。

　そうした入口の部分での時間をかけた密なすり合わせや、体制の整備等の甲斐もあって、現状ではミスマッチを理由に離職する職員は少なくなり、2020年度の介護職員の離職率は2%、2021年10月現在では、入職者1名、退職者1名(家庭内の事情)の入退職実績となっています。ファミリーマイホームは、勤務年数の長い職員が多く在籍しているため、職員の定年退職後の人員確保は急務です。職業訓練校やハローワークへの求人募集や採用ホームページのリニューアル、就職フェアへの参画等は今後の課題です。

　この他、ファミリーマイホームでは未経験者や職業訓練校の卒業生、外国人介護職員等の採用を積極的に行っています。ベトナムからの外国人技能実習生は実習開始から3年目を迎えます。田代さんは「ファミリーマイホームで仕事をしていくからには、国籍や職種に限らずどの職員も施設が求める基本的な姿勢を共有しながら、より良い方向をめざして共に歩んで行くことが大切。そのためにも、育成制度にもさらなる進化が必要であ

り、現在の体制はゴールではなくプロセスの途中だと考え、研鑽を重ねていきたい」と話します。

人事考課を見直して新たな評価方法を導入

田代さんがファミリーマイホームの施設長として就任した2020年には、人事考課制度を大きく見直しました。

それまで使用していた人事考課シートは、職種問わず同様の書式でした。ファミリーマイホームでは介護課、医務課、栄養課等各課において求められる専門性はさまざまです。適切な評価が行えるよう課ごとに人事考課シートを一新しました。

シートでは、どの課にも共通する1つ目の大項目として「社会人・組織人としての必要項目」を設けました。介護・医療業界を経験した入職者は即戦力にはなり得ますが、施設が求める基本姿勢や施設ならではのルールという面においては、新任職員と同様丁寧に説明する必要があります。挨拶、感謝の言葉等は基本的なマナーとしてだけではなく、職員や利用者との信頼関係を築く上でとても重要だと考えています。そのため、人事考課シートの中核を担う項目としました。それに続く2つ目の項目として課ごとに内容が異なる「職務内容に対する必須項目」の項目を設けています。その他、自分自身のスキルアップの向上を目的とした「資質向上に向けた目標」、「業務改善・コスト削減に向けた目標」という2項目が続き合計4項目の構成となっています。

それぞれの専門性が発揮されることは重要ですが、その根底にあるのはしっかりとした組織運営の意識です。基本的なマナーを底上げすることで、組織全体の意識向上になると考え、小さなことから一つずつ評価の足並みを揃えていくこととしました。現在、この人事考課シートは法人内の高齢部門事業所の標準的な書式として活用されています。

また、シートの改訂にあたり評価を「他者評価」に統一しました。それまでは自己評価があり、課所属長の一次評価、施設長の二次評価という流れでしたが、真剣に業務に取り組んでいる職員は自己評価が低い傾向にある等、個々の職員の姿勢によって自己評価にばらつきがありました。他者評価に変更する際に最も意識した点は、一

定の根拠に基づき公平な視点で評価するということです。この評価の見直しが組織全体の意識化、底上げにつながると考え、現在の方法に至りました。

公平な視点で適正に評価をしていくということと自分ができていること、課題となっていることを可視化することの両輪が、新たな人事考課シートのポイントになっています。

優れた職員を「ベストマナー賞」で個人表彰

ファミリーマイホームでは2018年度から接遇が優れている職員を表彰する「ベストマナー賞」を実施しています。各職員が一票の投票権をもち「この人の接遇はすごい」と思う職員に投票します。ベストマナー賞の上位10名は職員掲示板に掲載をし、うち上位3名については職員の前で表彰します。評価の基準は、施設長が外部の研修を受講した際に目にした「接客8大用語マスター活動」に則り可視化しているため、一定の基準に基づいて評価しています。

『あおいかおもう少々失礼』
あ＝ありがとうございます
お＝お待たせいたしました
い＝いらっしゃいませ
か＝かしこまりました
お＝恐れ入ります
もう＝申し訳ございません
少々＝少々お待ちください
失礼＝失礼いたしました

導入の背景には、第三者評価や自己チェック（虐待の芽チェックリスト）等から、職員の接遇面の課題が抽出されたことにあります。

それまでは、基本的なマナーや接遇に関しては人事考課制度における個別面談時に注意や指導を行うことで、定期的に振り返るシステムをつくっていましたが、意識化が十分にすすみませんでした。その際に判明した傾向が、接遇で注意を受ける職員はたいてい「自分はしっかりできている」と主張する点でした。接遇について記した標準化マニュアルはありますが、日々の業務の中で

ベストマナー賞表彰の様子

自分がどれだけ標準に到達できていないかを自己覚知することが必要だと考え「接客8大用語マスター活動」を始めました。接客業であれば誰しもが当たり前のように実践している用語を職員全身がマスターし日々の業務で実践することを目標に掲げました。その動機づけとして、同時に「ベストマナー賞」も企画しました。2020年度は新型コロナの影響により個別の表象としましたが、職員の前で表彰することにより、やりがいにつなげるねらいがあります。田代さんは「できていない職員を注意するだけではなく、優れている職員を評価することで『自分もこれさえ意識して気を付けていけば認められる』という職場の雰囲気作りが大切」と話します。

　その他、ファミリーマイホームでは食事や排泄、リハビリやレクリエーション等、テーマに応じた多職種横断の委員会や係(モニター活動)を設けて活動に取り組んでおり、年間の事業計画の中にも組み込んでいます。それぞれの委員会やモニターで年間の目標設定と業務改善計画を立案・実行することでさまざまな視点から多角的に利用者への支援の質を向上しています。それぞれの委員会やモニターの活動は、年度末の活動発表会で活動報告や成果を発表しています。

　優れた改善を実現した、事業計画通りに目標達成をした委員会やモニターを評価するというものですが、優れたチームでの活動に対する評価に加え「ベストマナー賞」という職員個人への評価を追加した形です。職員一人ひとり仕事を行う上でのめざすべき目標は差があって当然ですが、その目標を達成するために追い込むのではなく、職員自らが目標に向かってすすんでいく仕掛けづくりこそが、職員のより一層のモチベーションの向上と、定着につながると実感しています。

外部の良い取組みを柔軟に取り入れる姿勢

　「育成計画書」と「業務到達度チェック表」の導入や人事考課シートの改訂、ベストマナー賞の実施にあたっては、外部研修や関係団体とのつながりを通じて得た情報が大きかったと言います。田代さんは「自分で調べることはもちろんだが、ノウハウの源泉は常にアンテナを張り巡らせながら、外部研修や各施設で実践されていて自分の施設でも取り組んでみたいと思ったものを真似ること。まず取り入れてみて、その後に法人内の他事業所にも浸透させ、そして独自の形にカスタマイズしていくことが、新たな取組みへの近道。これからも施設独自の方法を見つけながら、職員のやりがいにつながるしくみを築いていきたい」と話します。

　自分を含め人の気持ちについて、その時の状況によって日々のモチベーションは揺らぎやすいし、揺らぐのは当然ということから「天秤」という言葉で例えています。田代さんは「退職に至ってしまうということは、揺らぎがどちらか一方に傾きが振り切ってしまったということ。そうなる前に職員の揺らぎとなっている原因を発見しフォローしていくことが大切」と話します。そして「利用者と職員双方の満足度を高めるために常にバランスを考えながら、利用者にとっては生活がしやすい、職員にとっては働きやすい施設をめざしていきたい」と目標を掲げます。その一歩として、今年度は大規模修繕工事を実施しています。施設内の環境を大きく変えることにより、利用者のより良い生活環境の整備と、職員労働環境改善の両立をめざしています。まず、施設長自らが利用者・職員を大切にしているという姿勢をさまざまな活動を通して体現する必要があります。そういった環境の中だからこそ、職員は自ら資質を底上げしようと努力し、その一人ひとりの努力の連鎖が良い組織風土となって、利用者へのサービスに還元されることを期待して日々研鑽しています。

case.3
児童
養護施設

児童支援部門副主任
増子 雄治さん

事務部門主事
茂市 早織さん

児童支援部門
個別対応職員
天野 佑美さん

充実した採用と育成、
定着を実現するために
新たな委員会と制度を創設。

公益財団法人 生長の家社会事業団
生長の家神の国寮
http://www.kamino92.or.jp/
［法人施設数］1施設　［当該施設職員数］78名（2022年2月現在）

　生長の家神の国寮では、組織体制強化のため2017年度に施設内に人財対策委員会を設立しました。活動の主な内容は採用・育成・定着に関する取組みです。
　採用については、入職後のミスマッチを防ぐためのインターーンの受入れ、育成ではチューター制度の創設を通して、採用人数の大幅な増員と施設全体で新任職員を育成する職場環境を実現しており、2020、21年度ともに新任職員の離職はありません。
　人財対策委員会の取組みや新任職員の育成・定着にあたって大切にしている想いについて伺いました。

組織体制の強化のため、採用方法を工夫

生長の家神の国寮では、組織体制を充実させるため、2017年度に施設内に人財対策委員会を設立しました。活動の主な内容は採用・育成・定着に関する取組みです。委員会のメンバーは入職15年前後の中堅職員3名ですが、ヒアリングなどを通じて、職員の意見を聞きながら活動をすすめています。また、設立当初はスーパーバイザーとしてキャリアコンサルタントと派遣契約を結び、協力・連携しながら活動の方針を検討しました。

採用にあたっては、それまで年に3名程度であった新任職員の採用枠を大幅に増員し、2017年度には9名の新任職員が内定しました。その後、毎年一定数の新任職員の内定に至っています。その背景には、採用方法の2つの工夫がありました。

1つは、施設見学会等の際に若手職員も同席してもらい、入職希望者が若手職員に対してインタビュー形式でやりとりをする場を設けました。若手職員は入職希望者と年齢が近い上、業務に対して率直な感想をもっている傾向があるので入職希望者も気軽に施設での業務や雰囲気等を知ることができると考えたからです。実際、入職希望者から「魅力が伝わった」や「働くイメージができた」という声が聞かれるなど、好評です。その他、インターンを積極的に受け入れることで、想像しづらい児童養護施設の役割や仕事内容について、実践を通して理解してもらう機会を設けています。インターンを経て、児童養護施設の入職を希望する学生も少なくありません。

もう1つは、採用試験の整備です。それまでは、書類と面接で選考していましたが、申込時にエントリーシートの提出も必須としました。「学生時代に取り組んでいたものは何ですか」や「児童養護施設の仕事をなぜ選んだのですか」といったテーマで文章を書いてもらい、それをもとに人となりを把握して内部ミーティングで選考する形をとりました。書類選考を経た後は、適性検査と面接試験を行います。その後、採用実習として現場で働いてもらい、最終的に役員面接という3段階での採用プロセスをとっています。これに

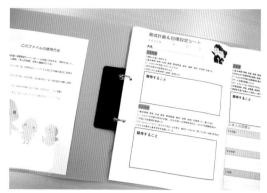

入職時に新任職員に配布するファイル

より、施設側も、希望者側も現場での適性の判断がより明確にできるようになり、入職後のミスマッチによる離職を大幅に減らし、定着につなげることができました。この採用方法の工夫は、採用後の新任職員の特性や強みを活かした配属先の決定にも役立っています。

新任職員育成のための「チューター制度」を創設

新任職員を大幅に増員した2017年、次の課題は育成やOJTのしくみを体系化することでした。そこで2018年に創設したのが「チューター制度」です。それまでの育成体制は、個々の先輩職員に任されており曖昧なものでしたが、この制度により、チューターを中心に、組織全体で新任職員の育成とフォローを行う体制を整えました。制度開始から4年、これまで29名の新任職員をチューター制度で育成しています。

新任職員が覚えなければならない業務量は多く、加えて児童養護施設特有の専門性が求められます。入職直後の新任職員の多くはその業務量に翻弄されます。また「先輩はできているのに自分はできていない。周りに迷惑をかけて申し訳ない」という悩みを抱える新任職員も少なくありませんでした。そういった悩みと、慣れない業務への身体的な負担が重なり、離職につながるという現状がありました。チューター制度では、チューターとの業務の振り返りの時間だけでなく、月1回「おしゃべりの場」を意識的に設けています。児童指導部門個別対応職員の天野さんは「おしゃべりの場は、日頃思っていることを業務に限らず気軽に話すことができる場。それにより、仕事での悩みだけでなく日常生活の不安な

どを相談できる環境をつくっている。その取組みが功を奏したのか、2020、21年度の新任職員の退職者はない」と話します。

チューターとなる職員は、基本的に経験年数や「ホーム」と呼ばれる業務グループ内での役割等を考慮して選抜し、最終的に施設長が任命しています。これまで、職員の人員配置は1ホームに常勤3名という少数構成でしたが、ここ数年は各ホームの配置の人数が増員されてきたこともあり、年齢が若く経験年数が浅い職員を選ぶ傾向があります。経験年数の浅い職員をチューターとしているのは、新任職員にとって年齢が近い職員をチューターとすることで、気軽に相談できる環境をつくるためです。

新任職員は入職直後に3日間の新任研修を受講します。その際に各ホームごとの業務チェックシートとKPTシート、目標設定シートが同封されたファイルが配布されます。

業務チェックリストは自分がやるべきルーティン業務を細かくリスト化したもので、KPTシートは「K：Keep良かった・続けたい　P：Problem難しかった　T：Try次回からやってみよう」を記載する日誌形式のシートです。KPTシートは、チューターや先輩職員がコメントを記入し返信するというしくみになっています。目標設定シートは、入職1か月後に、3か月後、6か月後、1年後の目標を設定するシートです。研修最終日にはチューターと新任職員との顔合わせを行い、ファイルの使い方等を説明して現場での業務が始まります。

現場に出て1か月目は、チューターをはじめ、先輩職員と同じ時間帯に勤務することを通して業務を覚えます。終業前には毎日15分程度で業務の振り返りを行います。その際に用いるのが、業務チェックリストとKPTシートです。2〜3か月目は、勤務が単独となり、終業前10分程度のKPTシートを用いた振り返りのみを行います。4か月目以降はKPTシートを用いた振り返りが1か月毎となり、入職してから1年経過するまで続きます。

これらのシートをまとめたファイルは、新任職員が日々の業務の成長度を確認するツールとなっていることはもちろんですが、ホーム内の職員全員が共通の目的をもって新任職員の指導にあたるツールとしても活用されています。シフト

によっては、チューター以外の職員が新任職員と勤務することがあります。ファイルがあれば、前日の課題や今日の目標などが確認できるため、指導にズレが生じないというメリットがあります。

制度ではチューター自身の成長も企図する

チューター制度は新任職員の育成と定着を主な目的にしているものですが、同時に、チューターの意識を高めることも目的としています。チューターは任命後、2時間程度のチューター研修を受講します。研修では、チューター制度のしくみ、チューターの役割などについて事前に説明します。基本的な方針などは説明しますが、個々によって現場での役割や業務が異なるた

[KPTシートTOPICS]

KPTシートを用いた振り返りは、新任職員が普段言葉で言い表せない考えや感情を文字に起こすことで整理され、悩みの解決につながるという効果が生まれています。1日の振り返りでチューターや先輩職員に話せなかった悩みも、KPTシートに記録することで共有できます。それに対し、チューターや先輩職員はアドバイスだけでなく、時には共感し、寄り添い、背中を押すようなコメントを記載するなど、交換日記的なツールにもなっています。これにより、新任職員の早期の悩み解消につながっています。

チューター制度の導入年に新任職員だった職員の一人は、今でも入職当時の自分のファイルをボロボロになるまで保管をしていて、時々見返すようにしています。「当時の自分を振り返ると『もうこれが限界だ』と書いてありました。それに対して『分かるわ〜』と、一言書いてくださった先輩がいました。その一言に自分だけじゃないんだと、救われる思いだったことを覚えています。今でもこのファイルは私の宝物です」と話しました。

チューター会議の様子

め、全てのチューターに同様の業務内容を求めることは難しい現状にあります。だからこそ、職場全体でチューターを支えながら、新任職員の指導にあたる意識が必要であり、時間をかけて施設全体にこの制度のしくみを共有しているところです。

チューター研修終了後も、定期的にチューターだけが集まる会議を実施しています。チューター自身が抱えている困りごとや不安、悩みなどをチューター同士で話ができる場を設けています。その場には人財対策委員も参加し、みんなで情報等を共有してより良い取組みにするためのブラッシュアップを行い、ホームの先輩職員にもフィードバックしています。それにより新任職員のさらなる成長はもちろん、チューター自身の成長にもつなげることがねらいです。

チューターの担当期間は1年間で、年度末にはチューターと新任職員が1年を振り返る会を開催しています。チューターから見た新任職員の成長ぶりを讃えたり、新任職員はチューターにお世話になったことへの感謝を述べ「2年目もさらに頑張って行こう」と拍手と笑顔で締めくくります。事務部門主事の茂市さんは「期間の最後まで新任職員とチューターのコミュニケーションの機会を大切にすることが、その後の人間関係にも影響する。チューター制度終了後も困ったことは相談できる職場環境が新任職員の定着につながると考えている」と話します。

チューター制度導入後、チューターからは「新任職員の指導を任されたことで視野が広がり、自身の成長につながった」といった声が聞かれています。また、チューター以外の職員からは「組織で育てる意識が高まった」「チーム支援への意識

が高まった」「しくみが徐々に浸透し、被包感が高まった」などの声が聞かれており、制度導入が組織全体の意識の向上につながっています。

職員が一丸となり採用・育成・定着を推進する

福利厚生や制度面の充実も定着につながる重要な要素だと考え、少しずつ整備を始めています。2018年度からは休暇の増加も実現し、職員の負担軽減やライフスタイルに合わせた時間設定ができる勤務体制の変更も導入しました。また、若手職員向けの家賃補助制度の導入も検討しています。法人としては、国の体制強化事業を利用して、未経験者の採用枠を用意し、現場で経験を積みながら資格取得を支援するしくみも導入しました。これにより、働く人手が増えて職員の業務等の負担軽減にもつながるというメリットも見込めます。

生長の家神の国寮では、新任職員の採用体制から育成体制、定着に至るまで施設がワンチームとなって推進していますが、課題もあると言います。児童支援部副主任の増子さんは「チューター制度の意義をさらに明確化し、施設全体に浸透する工夫が必要。全職員に目標管理面接を実施するなど、チューター制度の要素を全職員にも当てはめることで、今後は組織全体の底上げを図りたい。これからも時間をかけながら、より良い施設をめざしていきたい」と話します。

case.4
地域密着型介護
老人福祉施設

離職率が大幅にダウン。
教育プロジェクトチーム
立ち上げの成果です。

リーダー
中上 裕司さん

入所サービス課係長
大場 翼さん

主任
神藤 晴子さん

リーダー
阿部 智祐さん

社会福祉法人 泉陽会
新町光陽苑

https://senyoukai.or.jp/facility/sinmachikouyouen

［法人施設数］8施設　［当該施設職員数］117名（2022年2月現在）

　開設当初より、職員が入っては退職が相次ぐ悪循環が続いていた新町光陽苑。その原因の一つは、新任職員は忙しそうな先輩に聞くことができず心理的負担が増し、現場には受け入れる余裕や姿勢がないことでした。離職率が18%となったこともあり、全職員が関わる育成プログラムを見直すプロジェクトを立ち上げました。

　立ち上げ後、退職者の声を聴き、それまで使用していた研修資料をアレンジするなどして、新たな研修体系を組み立てました。現場への配属を見据え、座学と実践をセットで行い、現場での実践につなげる流れを意識しています。この取組みは法人全体の取組みへ波及しつつあり、さらなる改善をめざしています。

職員の退職が続いた悪循環の要因とは

　新町光陽苑では2013年の開設当初より、新任職員が入職すると座学の研修を1週間行っていました。内容は法人や施設の概要、社会とはどのようなものか、倫理規定とは何か等で、役職者が講義する形です。その後現場に配属されて初対面の先輩に付いて業務を教わる流れでした。しかし、新任職員にとっては最初の1週間で知識ばかりを学んでから介護現場に入っていくため、研修から現場までの実際の介護の流れやつながりが見えず、戸惑いや不安を抱えたままでした。さらに、当時は、新任職員は現場に任せて育てることが当たり前という意識が強い一方で、迎え入れる現場の職員は心や姿勢の準備ができていない状況でした。そして、法人施設は新町光陽苑を含めて3つありますが、2つは従来型で新町光陽苑が法人初のユニット型施設だったこともあり、施設環境としても新任職員の育成の仕方が分からず手探りの状態でした。結果的に職場全体に活気がないこともあって定着につながらず、新しい職員が入っては退職という悪循環におちいってしまい、2018年には離職率が18%と高くなっていました。その問題を根本から解消するために2019年に職員全員が関わる教育プロジェクトチームを立ち上げました。この年は、次年度に3名の新卒採用を控えていたこともあり「せっかくこの施設を選んで入ってくれる職員なので、施設全体で手厚く迎えて定着につなげていこう」という思いもありました。また、新しく入ってくる職員の中には未経験者や福祉の専門外の学校を出た人や、まったく違う業種から入職する人がいたので、彼らが不安をいだくことがないように歓迎したいと職員の誰もが意識しました。

　プロジェクトを立ち上げるにあたっては、退職した職員への聞き取りを行い、リアルな声をもらいました。「職員が定着しない中、人手不足の中で介助をしているので、職員一人に対する業務負担がかなり大きく、キツい、辛い」という声が多数でした。中には、「全部一人でやらなくてはいけないので、介助自体が怖くなってしまった」という、声もありました。新任で退職した職員からは「ちゃんと教えてもらえていない感覚があっ

シーツ交換研修の様子

た」「これをやっておいてと先輩に言われて、後は放っておかれた」「何も教えてもらえないまま独り立ちをしたので、不安がどんどん大きくなってしまった。もう嫌です…」という声がとても多く、施設全体で新任職員を支えて育てようという雰囲気がなかったことが離職につながった大きな要因のひとつであることが分かりました。加えて、既存の職員たちに「新人だった頃にこうしてもらえば良かった」というリアルな意見や思いもヒアリングしました。

　また、ユニットに入ってもそこのやり方しか学ぶことができないことや、人間関係でのつまずきも離職につながる要因でした。まず根本となる新任職員の育成環境や研修から変えなければならないと教育プロジェクトチームが考えたのは必然でした。

研修やOJT等を根本から徹底的に見直して刷新

　教育プロジェクトチームの基本メンバーは職員全員ですが、その中でプログラムや研修内容の作成等は係長、主任、リーダーがメインとなってすべて手づくりで手掛けました。また、施設内の専門職にも研修内容を相談しました。具体的には、食事に関しては栄養士のサポートを受け、医療面は看護師から助言をもらい、ポジショニングは機能訓練指導員に関わってもらう等それぞれの専門職にも協力してもらいました。そこには職員全員でつくり上げるという意識があったからです。

　元々研修を施設内で行っており、元になる資料があったことから、それをもとに新たな研修資料を作成しました。業務の合間を縫いながら、研

修を作成するメンバーが互いにアイディアを出し合い、確認しながら1か月以上をかけて完成させました。それぞれ苦労はありましたが、作成する過程で自分たちの手でつくり上げたものが新任職員の育成と定着の一助となり、より良い施設運営にもつながるという思いが強くなり、それぞれが主体的に職場のことを考える良い機会にもなりました。

　新しい育成プログラムでは、新任職員が入職した4月の1か月間を資料を用いた座学と実践の研修にあてて、その後現場に仮配属するようにしました。研修は、分野を決めて先輩職員が担当しています。具体的には入浴、排泄、着替え、食事等の研修や、知識習得の研修では「ユニットケアとは何か」、「ターミナルケアとはどのようなものか」、「虐待や権利擁護とは」、「感染症にはどのようなものがあるか」等、1か月間に計15項目ほどの研修を展開しています。

　中でも時間を意識的にとったのは実践です。例えば、ある1日において入浴をテーマにした研修の場合、午前中に入浴の介助方法を口頭で説明して、午後に現場に入って実際にお風呂場で身体を動かして実践します。口頭で聞いた知識を身体で覚えるというつながりがある研修になっているので、新任職員にとって身に付きやすい研修内容になっています。また、新しい実践研修は実際に施設に備えられている機器等を使うので、現場にすんなりと入って業務に向き合うことができるというメリットもあります。Off-JTでは、自分の施設が用いているものとは違う機器で実践研修を受けることもあるため、施設に戻って現場に入っても違和感を覚えてしまうことがあるからです。

　2か月目は、5～6人の職員で構成されているユニットに入って基礎介護と業務の流れを体験します。新任職員1名に対してトレーナーが1名付いて、OJTシートをもとに「知識」「技能」「態度」のカテゴリー別に確認を行いながら、丁寧に業務指導を行います。介護の基本知識の習得と基本動作やコツ等を反復練習します。3か月目は別ユニットに入って応用を兼ねて復習を行います。その後、配属希望先を聞き取って、4か月目から本配属するというつながりのある流れになっています。新任職員がユニットを最低2つは

食事研修の様子

体験できるようにしたことで、配属されているユニット以外の職員に悩みを打ち明けたり、現場で先輩職員と歓談している姿も見られる等、ユニットを越えた施設全体での交流の幅や、新任職員をみんなで気にかける思いやりの意識も広がってきました。

　1か月後、3か月後、6か月後には新任職員に自己評価を書いてもらい、それをもとにトレーナーがコメントを書いて面談をします。その時点でどのような悩みがあるのか、今どういう気持ちで仕事をしているのか等を話し合いながら対応するようにしています。3か月後はトレーナーと主任、6か月後はトレーナーと主任、管理職が面談にのぞみます。その内容を教育プロジェクトチーム＝職員全員で共有して施設全体で新任職員に寄り添い、支えながら、新任職員の一人立ちをめざす育成体制をとっています。基本的には6か月目で一人立ちすることをめざしますが、個人差もあるので完全に半年とは区切らず、新任職員それぞれの成長度合いを見守りながら、心身ともに負荷と不安のないように配慮した育成をめざしています。

　新しい育成プログラムを始めたことで、新任職員をみんなでフォローしようという思いはもちろん、先輩職員の間でも活発なコミュニケーションが生まれ、施設内が活性化されたという嬉しい効果も得ることができました。

　プログラムの研修を受けた新任職員に感想をたずねてみたところ、先輩職員の中には受けられなかった人もいるということを知って、「自分たちは恵まれた環境なのだと気づきました。今年の入職で本当に良かったです！」「専門用語を事前に学べるので、現場に入った際に先輩職員が発する言

葉を理解できて安心でした」という声も多く聞かれました。

先輩職員の中には、時間差で新しい研修等を受けられなかった人が多いので、「もっと早くプロジェクトを立ち上げて欲しかった」「自分が新人の時にもあれば良かったのに」「受けずに現場に出たことが今となると怖い」などの声が沢山ありました。18%もあった離職率が現状では6%ほどに下がっていることもあり、彼らの声からも現行のプロジェクトの充実度を再認識しているところです。

定着のための取組みはさらに進化を続ける

プロジェクトの波及効果は法人全体にも及んでいて、2021年度は、初めて法人全体の持ち回りの形で研修を実施しました。法人として採用した9名の新任職員は、すでに各々の配属先は決まっていたため、法人としての事業活動や、それぞれの施設の特徴や雰囲気等を把握認識してもらうために、各施設を回って研修を受けてもらいました。プログラムの内容や項目自体は大きく変わっていませんが、その施設に合わせてカスタマイズしてつくり直しています。それを終えてから、新町光陽苑には2名配属されました。

「課題としては、法人内の他の施設の研修で何をどのように学んだのかということが施設間で共有されなかったという点がある。研修情報の共有など、まだまだ課題はあるのでさらに改善をしていきたい。また、今回は新卒で4月に入職する新任職員をメインにしながら研修を行ったが、例えば中途で職員が入職した際の育成と定着に関しての対策もまだきちんとできていないので、そちらも早急にすすめていこうと協議している」と入所サービス課 課長の大場さんは話します。

他にも職員定着のための整備をすすめており、東京都の介護職員の宿舎借り上げ事業も活用しています。福利厚生面では互助会を設けて、歓迎会や送別会、交流会や忘新年会等、施設全体で交流できるイベントの場を展開しています。現在は新型コロナの影響があるので、収まったらまたみんなで集まろうと楽しみにしているところです。

キャリアモデルについては人事評価制度があり、職員の等級に合わせて、現状の認識と次の目標を確認する評価面談を半年に1回実施しています。そこで本人とすり合せをしながら、より高いレベルをめざそうという意識を高める自己啓発の場にもなっています。キャリアパスも始めているところで、職員に求められているものが、今までよりも少しずつ明確になってきています。

過去に先輩職員が置かれていた環境と、新任職員たちが育ってきた環境は全く違います。先輩職員たちは「仕事は見て覚えろ」という教えで育っているので、新任職員に対してもそのように接してしまうこともありますが、押しつけの教育ではモチベーションも落ちて離職率も高くなってしまう苦い経験を新町光陽苑はしてきました。そのため、「新任職員にしっかり向き合いましょう」と意識を転換して新しい育成制度や取組みを創設した結果、現在では定着の成果も出てきています。研修の作成に関わった教育プロジェクトのメンバーは、自らの手で資料等をつくってきたことも自信になっていますが、介護等におけるすべての根拠を言葉できちんと新任職員に伝えられるようになったことで、メンバーそれぞれも成長できました。そして新任職員たちに教わることもとても多く、先輩職員にとっても学びの機会となっています。時代は移り変わり人も変わるので、育成や定着においても難しい部分は多々ありますが、新町光陽苑は自分たちのやり方で、これからもさまざまな形で追究と進化をすすめていくつもりです。

case.5
知的障害者
支援施設

社会福祉法人 槇の里
本部

20年以上にわたって
未経験者を採用・育成
ほぼ離職はありません。

施設長
どうのした
堂下 勉さん

事務員
土屋 早苗さん

社会福祉法人 槇の里
いすみ学園
http://isumigakuen.or.jp/
［法人施設数］1施設　［当該施設職員数］52名（2022年2月現在）

　　いすみ学園では、福祉分野未経験者の採用を20年以上続けてきました。その多くの職員は、現在中堅職員として働き続けています。

　　多くの職員が定着している理由のひとつには、「新任職員の定着は学園の将来を明るくしていくための最重要課題」と施設が認識し、育成していることが挙げられます。そして、定着のため、学園理念の浸透やちょっとしたコミュニケーションの徹底等を図っています。

　　「職員は利用者の人生のパートナーである」という理念を全職員が持ち、20年以上をかけてさまざまな苦労や失敗を重ねながら、取組みを続けてきた想いや背景を伺いました。

面接を複数回行い徹底的に相互理解を図る

いすみ学園が所在しているのは千葉県いすみ市で、人が集まりにくい土地柄です。1984年に開設した当初は職員が集まりましたが、10年、15年経過して職員が退職していく中で福祉経験のある職員が入職しなくなりました。そのため、他業種から転職してくる職員に視点を移して募集を実施しました。ホームページでの募集は大きく反響があり、学校関係の知己や人脈も活用して人材を紹介してもらうことも多くあって、学園開設から20年以上の間に多くの福祉未経験の職員が集まるようになりました。

未経験者の採用を続ける中で、いすみ学園は、未経験者でも「利用者の支援に必要なこと」と「いすみ学園での支援の仕方」を新任研修できちんと伝授していけば、3～5年で福祉や業務のことを理解し、一人前の職員になれることを確信するようになりました。そして、それらを受け継いできた職員が、現在、核となり働いているので、彼らが育成されてきた過程で得られたことを、その都度新任研修の内容に落とし込んで練り上げてきました。そのような育成のしくみを確立してきたことも未経験者の採用を続けられた理由のひとつでした。

採用に関しては、一次、二次、三次と三段階に分けて面接試験を実施しています。最初の面接の際には「大変厳しい職場ですがやる気はありますか?」と正直に施設と業務内容の事実を伝えます。二次面接では学園の方針や求める人材等の話を丁寧にして「職場では自分の思い通りになることは少ないが、相談できる仲間がいるのでそれを信じてください」と伝えています。そうすることで「本気で働きたい」という志の熱い人

研修の様子

が最終面接にのぞむことになり、相互理解と確認を取ってからの採用となります。ミスマッチを防ぐために入口で徹底して理解してもらっているので、入職後に認識の差が起きることはほぼありません。

緻密な新任研修と徹底した法人理念の教育

採用後は未経験者や中途採用者向けの新任研修があります。いすみ学園では、研修をはじめ新任職員に対する支援は、今後の学園の将来を明るくしていくための最重要課題という認識のもと特に力を注いでいます。研修内容としては「知識と技術」の二つに大別しており、年間の研修計画に組み入れています。具体的には、「学園理念」「障害者支援について」「自閉症の基礎知識」などのテーマで、難しい内容にしない、つめこみすぎないことを意識しています。また、一般的な障害者理論ではなく、いすみ学園の利用者を対象として限定し「この方の将来をどうしようか」と考えられるような研修内容にしています。研修は毎月の職員会議の後に実施し、新任職員の現場での経験値と照らし合わせながら、知識の修得度や成長度等の把握・確認を行っています。

また、「法人理念」研修を通じて利用者と向き合う姿勢を学びます。年月が経つと、どうしても理念に対する思いが職場内で薄れてしまいます。ベースにある一番大切な思いが緩むと、虐待の発生などにつながりかねません。その危機感に対して法人理念を再度嚙み締める必要があると考え、法人理念の基になった「学園紀要」を新任研修に必ず用いています。全職員に向けても「法人理念」研修を行っていて、それがいすみ学園の職員としてあるべき姿になるための礎と振り返りの源になっています。

法人理念とは、いすみ学園が発足した当時の目的です。それを新任職員はじめ職場全体で分かりやすく共有するために、簡単な文章にしました。それは、知的障害のある人たちが幸せに生きていくための支援の大切な目的は「人生のパートナーである」という言葉です。人生のパートナーとして利用者に寄り添う形はさまざまです。例えば社会参加、就労支援、そこでの定着支

援、また新たに生活支援が始まるという利用者の人生の各場面です。その流れを新任研修においても重要なこととして伝えています。また、新任職員が現場に入ると、利用者は十人十色なのでそれぞれをきちんと理解することは一筋縄ではいきません。そこで施設長の堂下さんは、パートナーとは「利用者個人の個性を受け止めることだ。障害があることを理解していくためには、障害として指導するのではなく個性として受け止めるのだ」と常に伝授してきました。非常に時間はかかりますが、そこに着目したことで新任職員も障害特性を年数をかけてきちんと把握できるようになり、現場での経験を理論と照らし合わせることで、新任職員本人の中で整合性を持てるようになっていきます。いすみ学園は入所施設なので、利用者がここから社会にどうやって出て行けるかが、職員それぞれに課せられた課題です。職員は利用者のパートナーとして個性を重視しながら課題に共に取り組んでおり、新任職員にはその意識を強く刻み込むように伝えています。

自己セルフチェックシートで意識向上を図る

職員は宝であるという自覚のもと、育成のために人事考課制度も取り入れています。堂下さんは「職員には「定量・定性」の意味合いを必ず説明している。私たちの仕事は必ずしも数字で評価できるものではなく、定性的な重要性についてもきちんと理解させている。この出発点を明確にして理解できなければ、福祉業界でのモチベーション維持につながることがないからだ」と話します。人事考課（目標管理）の中には行動基準能力書があり、これを用いて上司が職員本人と一緒になって目標設定をして活動します。しかし、評価にあたっては、人事考課で補えない部分がどうしても出てきてしまいます。そのため、別に自己チェックセルフシートを活用した振り返りの機会をとっています。レベルを1〜4等級に分けて、記載されている1〜19までの設問に対して毎月自分でチェックするというものです。例えば1等級の業務チェックであれば、「上司や先輩の指示を受けながら基本的な仕事ができ、担当業務までは任せられるようになって

いる」という項目があります。行動能力の項目では「傾聴、提案・発議、チームワーク、セルフコントロール、情報収集、最後に業務遂行」となっています。それをもとに各作業班に配置されている主任とやりとりをすることで、職員の自覚や意識を把握することを企図しました。続けることによって「自分自身が普段言えないことも質問できるようになった」「言いづらいことや聞きづらいことも気軽にたずねることができた」等、職員のモチベーションも上がるといった好成果が出てきています。

失敗から学んだコミュニケーションの大切さ

いすみ学園では作業班6つと生活班1つの合計7班があり、それぞれの班に主任を配置して課長補佐がフォローに回っています。活動計画や新任職員の育成計画等の立案は主任が担当しています。主任の教育能力を高めるという目的もありますが、日中業務の中で最も大切だと考えているコミュニケーションの豊かさも身に付けて欲しいという思いもあるからです。同時に、それは全職員も同様で、学園の日々の中で職員同士、利用者相手に思いや考えをどう伝えることができるかを育成の主眼に置いています。

主任は日中活動において班の中心的な存在なので、班内における新任職員の課題や問題を的確に把握するのは重要な役割のひとつです。課題を見つけたら解決策等を模索しつつ、その新任職員に対して「今はどうなの？大丈夫？」という的確な声がけが当然必要になります。堂下さんは「声をかけられた新任職員は安心するし、相互で円滑なコミュニケーションがとれるとおのずと解決に向かうことができる。そうした積極的な声がけをするように指導しているのは、過去の失敗から私たちが学んだからだ」と話します。一人で悩んで誰にも打ち明けられずに悶々としていた新任職員が退職を考える域に達していた等、コミュニケーションの不足で学園内の活動も円滑ではなかった時期があったからです。「日本人は『言わずもがな』という考え方を持つ人が多い傾向にあるが、言わなくても分かってくれているだろうとこちらが思っても、相手は理解していないということが多々ある。言葉にしてコミュニ

ケーションをとらないと、心の中の問題がどんどん大きく深くなってしまう。主任や職員に積極的な声がけをするように指導しているのは、そのような理由があるからだ」と語ります。その思いもあり、新任職員が聞きたい時に先輩が忙しくて聞けない時は、後になってもその時間を保障する等の工夫を必ず続け、困った時に手を差し伸べる先輩や仲間がいるという組織をめざしてきました。もちろん必ずしもうまくいかないこともありますが、20年以上働いている職員が多いなど成果が出ているので、さらにすすめていくつもりです。

当たり前の優しさと思いやりが定着の要素に

いすみ学園では育成研修や活発なコミュニケーション等で新任職員を職場全体で支えて育てようとしていますが、新任職員が壁に直面してしまうことはよくあります。多くは利用者との関係性で、自分の思い通りにならないと悩んでしまうと言います。利用者にはさまざまな人がいて、作業班ごとにも特色があり、そこで起こる難しいケースはベテラン職員でもうまく対応できないこともあります。そのような時は「先輩みんなも悩んだけど大丈夫だよ。思い通りになることは少ないけれど、粘り強く対応していこう」と助言して支えるようにしています。業務は利用者支援が主ですが、慣れるまで覚えることが非常に多く、変則勤務なのでそれぞれの業務マニュアルを頭にきちんと入れないと服薬ミスやケガ等につながりかねません。新任職員が焦りを覚えることは日常茶飯事ですが、実務経験の中で「焦る必要はないからね」と言い聞かせつつ、丁寧に時間をかけて、新任職員が不安におちいらないように育成を行っています。

さらに、新任職員はもとより全職員にONとOFFを意識的に分けることも伝えています。これもコミュニケーションを重視したものですが、OFFの部分では職員が部活と呼んでいる活動があり、テニス、釣り、自転車、キャンプ、お茶会等、さまざまな活動を通じて交流の場が展開されています。20代から60代の職員が分け隔てなく付き合える場になっているので、新任職員も気軽に先輩職員とコミュニケーションがとれており、それも将来的な定着の源になってくれればと施設長は考えています。

職員の育成にあたり、新任職員をある班に配置したら、適正等も考慮して他班に異動させて活性化を図ることもあります。しかし、基本的には無理な異動は避けるようにしています。同様に利用者も定期的に異動しています。それを重ねるうちに利用者もスキルアップし、施設としても将来的に就労につなげる期待を込めて、多角的に考えています。新任職員も利用者も進化成長していく過程は同じなので、新任職員も利用者から学ぶことは日々多いと言います。

堂下さんは「人間は誰かの欠点はすぐに目につくが、そうではなく、良いところを積極的に汲み取ってあげることが大切だと思う。それが新任職員をより良く育てるきっかけにもなる」と話します。堂下さんは先輩職員に「後輩が何か頑張ってやってくれたら、必ずありがとうと自然体で返してね」とよく言っています。人を大切にすることは誰でも同じだからです。「結局、人として一番大切なものは優しさと思いやりであり、どのようなことにおいても当たり前にあってしかるべきものだ。それを常に考えれば、職場内でも自ずと正しい言葉は出てくるはず。それが新任職員や先輩職員がいつまでも笑顔で働けることにつながり、定着にもつながっていくのだと思う」と語ります。

case.6
特別養護
老人ホーム

「人財開発研究室」の
立ち上げにより
職場改革を展開
定着も安定しています。

人財開発研究室
西川 恵二さん

人財開発研究室
石塚 勇次さん

社会福祉法人 北野会
マイライフ徳丸
https://kitanokai.com/
［法人施設数］1施設　［当該施設職員数］125名（2022年2月現在）

　マイライフ徳丸では、1法人1施設としては珍しい人事部機能を持った「人財開発研究室」を約5年前に設立しました。人事部専任の職員を配置することで、入口の採用と教育、その後の職員に対するサポートを充実させ、定着につなげるためです。

　設立以降、新任職員の定着率が高まり、入職後のミスマッチや退職はほぼありません。また、職場全体の雰囲気が変わり、組織全体で新任職員を育成する雰囲気が確立したと言います。

　「人財開発研究室」の設立の背景とその役割について伺いました。

採用と教育を「人財開発研究室」で総合的に実施

マイライフ徳丸では、1法人1施設では珍しい人事部機能を持った「人財開発研究室」を約5年前に設立しました。専任職員は2名で、主な業務は「採用」と「教育」です。人事に関わるすべてを担当し、施設内では通称「ラボ」と呼ばれています。(以下、「ラボ」)

ラボ立ち上げの理由について、ラボの石塚さんは「『人材が不足する介護業界において採用と教育は必須である』という施設長の考えに基づいて設立された。人事部専任の職員を配置することにより、一定の質を担保した職員の育成と、定着の安定、職員全体のサポート体制を充実させることがねらい」と話します。また、ラボ設立以前のマイライフ徳丸では、即戦力となる中途職員を採用する傾向にあり、新卒採用をしていませんでした。職員教育に関しても既存のマニュアルが活用できておらず、業務や雑務に関する教育は先輩職員の裁量に委ねられている状況でした。現場からは「教え方がわからない」といった声が聞かれ、新任職員からは「先輩によって教え方が違う」「あの先輩は冷たい」等といった声が聞かれるなど、新任職員を迎え入れる足並みが十分にそろっていない状況がありました。それらを改善したいという思いもラボ立ち上げの理由のひとつとなっています。

ラボ立ち上げにあたり、ホテル業界や人材会社で教育や研修担当の経験がある石塚さんが採用され、当初は1名で採用と教育を担っていました。半年後、介護現場での経験の長い西川さんが入職してからは、採用は石塚さんが、教育は西川さんが担当する現在の体制となりました。準備段階にあたっては、先駆的に採用の取組みを行っている他の施設から情報を得ながら、マイライフ徳丸に合った採用や教育を検討してきました。

ラボ設立以降、採用率は年々増加しています。特に福祉系の学校の卒業生や、マイライフ徳丸で実習をしたという学生からの入職が増えたと言います。石塚さんは「『採用につながる実習』を意識し、マイライフ徳丸のパンフレットを近隣の養成校に配布し実習生を募集した。実習を通してマイライフ徳丸の魅力や仕事の内容を

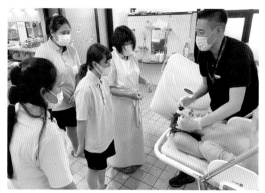

洗髪介助研修の様子

知ってもらい、良いイメージを持った学生が入職につながるというケースが毎年あるため。入職時のミスマッチが起こりにくいというメリットもある」と話します。

「第三者」的立場の面談制度で新任職員を支える

ラボの役割は採用と教育に特化していますが、現場に入って教育や業務の状況を確認したり、必要に応じて職員に対して面談をするなど、職場全体の調整役となることもあります。石塚さんは「管理職でもない現場の職員でもない職員にとって一番身近な『第三者』的立場を活かし、職場の環境を調整、サポートすることもラボの役割」と話します。

その取組みのひとつに「面談サポート」があります。面談サポートは、業務や技術面の相談、人間関係等、新任職員が声を発する場を設けることで、安心できる職場環境をつくることをねらいに実施しています。新任職員とラボ間で随時行う「二者面談」は働く上での悩みや不安、出来事などを密に話す場として設定しています。また、新任職員とフロアチーフ、ラボの三者で行う「三者面談」は業務の不明点や疑問などを解消するために定期的に実施しています。その他、一つひとつの業務が身に付き始めた時期には事業所の長である介護主任と新任職員とラボの三者で面談を行い、短期～中期的な目標をつくり、一人立ちへのフォローを行っています。西川さんは「面談の回数、実施期間は新任職員の成長度を勘案し、臨機応変に対応している。業務や生活面の不安が少しでも解消されるよう、細やかなフォローを心掛けている」と話します。

面談時に多く聞かれる悩みについて、西川さんは「業務に関する悩みも多いが、大半を占めるのが人間関係。面談時に聞いた悩みは原則口外しないが、本人の希望があれば上司にフィードバックし、対処してもらうようにしている」と話します。続けて「人間関係の悩みがあっても、直属の上司には言いづらく、聞かれても『大丈夫です』と答えてしまうもの。悩みを一人で抱え込まず、気軽に相談できる場として『ラボ』があると思っている」と話します。

施設内でのOff-JTにより実践的な教育を実施

マイライフ徳丸では、入職時に約1か月間の施設内Off-JTを実施しています。新任職員の習得状況により研修内容は短縮することがありますが、新卒者に関しては福祉系の学校の卒業者も福祉を学んだことがない未経験者も同様の研修期間としています。

新任職員は、研修を通して社会人としての基本的なマナーやサービスマナー、法人理念や介護の知識・技術などを学びます。特に介護に関する研修は、基本的な知識に加え、法人内の介護マニュアルに準じた内容の座学と実技を取り入れることで、混乱なく現場に入れるようにしています。西川さんは「外部研修での知識や、他の施設での介護経験があっても、介護のアプローチの仕方に差異がある可能性がある。研修期間中にマイライフ徳丸における介護マニュアルに準じた方法を伝えることで、現場に入ってからもスムーズに業務ができるようにしている」と話します。研修の進行は事前に配布するスケジュール表に沿ってすすめるため、自分がどのような経緯をたどって現場に入っていくのかが見える形になっており、進捗の自己チェックをすることもできます。

また、講師はラボの教育担当が中心に担いますが、研修の内容によっては、専門職の機能訓練指導員等が講師になることもあります。これにより、より専門的な知識が習得できるだけでなく、研修で事前に専門職と顔合わせをしておくことにより、現場に入った際にスムーズに連携することができます。

マイライフ徳丸のOff-JTは、全てラボの職員が中心となり内容を構成している研修です。西川さんは「研修内容の構成には時間を要するが、新任職員の習得度により柔軟に研修内容を変更できること、施設内マニュアルに準じた介護の技術が伝えられることなど、内部研修のメリットは大きい」と話します。

新任職員の経験に応じたOJT体制で細やかに対応

1か月のOff-JT終了後は、約6か月間のOJTが付いての研修が始まります。マイライフ徳丸では、介護の経験がある新任職員を「経験者」、新卒者や介護の経験があってもブランクが長い新任職員を「未経験者」と定義し、それぞれのスキルに合わせたスケジュールで教育を行っています（表1）。このスケジュールはラボとフロアチーフが新任職員の成長を共通認識するツールとしても活用しています。期間を約6か月間としているのは、6か月後に変則勤務のシフトに入れる職員を育成したいという目標があるためです。スケジュールは目安であり、勤務状況や成長度合いにより日数やスケジュールが前後することがあります。

この他、新任職員の数に応じて同じ人数のトレーナーを配置する「トレーナー制度」を設けており、チームで教育にあたっています。新任職員は当日に担当となるチーム内のトレーナー1名と共に1日現場で働き、密に業務を学んでいきます。トレーナーとのマッチングは、ラボとフロア

表1　新任職員のスキル別研修期間

	1ヶ月	2ヶ月	3ヶ月	4ヶ月	5ヶ月
経験者	日勤トレーニング	早番・遅番トレーニング	夜勤トレーニング		
	日勤独り立ち	早番・遅番独り立ち			
未経験者	日勤トレーニング		早番トレーニング	遅番トレーニング	夜勤トレーニング
		日勤独り立ち	早番独り立ち	遅番独り立ち	

「二者面談」の様子

チーフとが協議して新任職員の人となり等を見据えた上で配置するようにしています。うまく機能しない場合は、月に1回実施するトレーナー会議で情報を共有しながら、解決策や教育方法の改善、トレーナーの育成等について話し合いをしています。

　OJT時は、新任職員が自身で行った利用者に対するケアに対してOJTチェックリストで振り返りを行えるようにしています。それをもとに新任職員とトレーナーが毎勤務後に振り返りを行い、業務でできていることやできていないこと、疑問点等を確認して解決することで、支援の質を高めるツールとなっています。勤務はシフト制のため、翌日に組むトレーナーがチェックリストを確認することで一貫した教育をすすめています。「トレーナー制度」による手厚い育成により、一つのフロアにおけるフォローはもちろん、施設全体、職員全員で新任職員の育成にあたり、定着につなげようという意識ができつつあります。

　また、マイライフ徳丸ではスキルに応じた1〜6までの等級制度を設け、評価しています。1年目の職員は1等級の「与えられた仕事を全うする」スキルが求められ、1年後までに2等級の「自立して業務を遂行する」スキルを目標とします。加えて全職員が、半年に1回管理職と面談をして次の6か月間の個人目標を設定、共有する時間を設けることで、キャリアビジョンを明確化しています。

気軽に訪ねて相談できる「保健室」でありたい

　制度面の整備では、借り上げ社宅の導入や資格取得支援制度等も行っています。介護福祉士等の国家試験対策勉強会の開催や対策本の貸出、試験日の公休取得支援のほか、法人負担で受験費用の支給もしています。石塚さんは「専門性を身に付けてもらいたいという想いはもちろんだが、個人としての成長のために利用してほしい。資格取得を通して自己研鑽をすることでモチベーションを向上させるだけでなく、将来的に他の施設への転職を希望した際に、胸を張って『マイライフ徳丸で働き、国家資格を取得した』と思えるようになってほしい」と語ります。

　ラボを立ち上げて5年が経過しました。5年を通して「職員たちがさまざまな変化に柔軟になった」と石塚さんと西川さんは振り返ります。ラボ設立当初は、現場を持たない人事部の立ち上げや外国人介護職員の受入れ、経験のない新卒者を受け入れることへの抵抗の声が聞かれましたが、現在は施設全体でフォローしていこうという雰囲気があります。また、新たな活動や事業への提案にも職員全体で取り組んでいこうという姿勢ができつつあります。

　新任職員の育成において大切にしていることについて、石塚さんと西川さんは「研修等で私の話を聴いてもらう時に、どのように展開すれば興味をもってくれるか、理解しやすくなるかをこれからも突き詰めていくこと。最初の頃は一方通行の研修になりがちだったが『介護現場での不思議』などの現場ならではのエピソードや、疑似排便を使った実技などを織り交ぜることにより飽きさせない工夫をしている」と話します。続けて「ラボは学校で言う『保健室』。第三者的な立場で寄り添う姿勢をこれからも大切にし、職員に気軽に頼ってもらえる存在であり続けたい」と話します。

職員の育成・定着のために
福祉施設・事業所が利用できる # 制度・助成金情報

「福祉職場の新任職員が抱えるよくある困りごと」(3〜19ページ)に関連した事業を中心に、事業所において利用できる制度や助成金の情報を集めました。利用・申請窓口や要件等の事業詳細については各事業所管課にご確認ください。

※国や東京都の制度を基にしています。※令和4年2月現在の情報です。
※なお、この情報は都内の法人・事業所を対象にしています。

職員を育成したい

[国…国の制度、都…東京都の制度]

○ 人材育成や確保について相談したい

分野	事業名	概要	問合せ先
共通	東京都立職業能力開発センター総合相談窓口	中小企業の人材育成や人材確保に関する相談。各種事業の紹介やコーディネート等の実施	都 各職業能力開発センター総合相談窓口
共通	事業者支援コーディネーター派遣(TOKYO働きやすい福祉の職場宣言事業)	法人や事業所が日々感じている人材の確保・育成・定着に関する課題を、専門のコーディネーターが整理し、働きやすい職場環境整備にむけて相談・助言等を実施	都 福祉保健局 生活福祉部 地域福祉課 福祉人材対策推進担当(03-5320-4095)<委託先>(公財)東京都福祉保健財団 宣言担当(03-3344-8552)

○ 職員に研修を受けさせたい

分野	事業名	概要	問合せ先
高齢	代替職員の確保による現任介護職員等の研修支援事業	都内の介護事業所が、介護職員等に研修を受講させる場合、都で委託した人材派遣会社から代替職員を派遣	都 福祉保健局 高齢社会対策部 介護保険課 介護人材担当<委託先>年度により異なるため、東京都福祉保健局のホームページをご確認ください。
高齢	人材育成促進支援事業	介護事業所が生産性向上に向けて人材育成のしくみの構築または改善を実施した場合に、必要な経費の一部を補助(コンサルティング経費、研修受講及び資格取得経費、代替職員経費)	都 福祉保健局 高齢社会対策部 介護保険課 介護人材担当(03-5320-4267)<委託先>(公財)東京都福祉保健財団 福祉情報部 福祉人材対策室 介護現場改革担当(03-3344-8532)
障害	代替職員の確保による障害福祉従事者の研修支援事業	都内の障害福祉サービス事業所等が、福祉・介護職員に研修を受講させる場合、都で委託した人材派遣会社から代替職員を派遣	都 福祉保健局 障害者施策推進部 地域生活支援課 在宅支援担当(03-5320-4325)<委託先>民間事業者へ委託

参考 東京都社会福祉協議会における研修実施機関	**東京都福祉人材センター研修室((社福)東京都社会福祉協議会)** 東京都における広域的な法定研修機関として、福祉人材育成をとりまく諸制度や従事者の研修ニーズを的確に反映した研修を企画実施 【問合せ先】東京都福祉人材センター研修室(03-5800-3335)	具体的な研修情報は、研修受付システム「けんとくん」でご覧になれます。 ▶「けんとくん」https://www.kentokun.jp

◯ 職員の資格取得を支援したい

分野	事業名	概　要	問合せ先
高齢	現任介護職員資格取得支援事業	介護福祉士国家資格の取得に要した経費について、法人が支援した場合に、その支援の一部を助成金として交付	☎ (公財)東京都福祉保健財団 人材養成部 福祉人材養成室 (03-3344-8513)
障害	現任障害福祉サービス等職員資格取得支援事業	社会福祉士国家資格、精神保健福祉士国家資格および介護福祉士国家資格および公認心理師国家資格の取得に要した経費について、法人が支援した場合に、その支援の一部を助成金として交付	☎ (公財)東京都福祉保健財団 人材養成部 福祉人材養成室 障害者支援研修担当(03-3344-8551)

職員の評価・処遇を見直したい

◯ 職員の処遇改善に取組みたい

分野	事業名	概　要	問合せ先
高齢	【再掲】 人材育成促進支援事業	介護事業所が生産性向上に向けて人材育成のしくみの構築又は改善を実施した場合に、必要な経費の一部を補助	☎ 福祉保健局 高齢社会対策部 介護保険課 介護人材担当 (03-5320-4267) <委託先>(公財)東京都福祉保健財団 福祉情報部 福祉人材対策室 介護現場改革担当(03-3344-8532)
児童	東京都保育士等キャリアアップ補助金	保育士等が保育の専門性を高めながら、やりがいを持って働くことができるよう、保育士等のキャリアアップに取り組む事業者を支援	☎ 福祉保健局 少子社会対策部 保育支援課 保育助成担当 (03-5320-7682)

◯ キャリアアップの仕組みを構築したい

分野	事業名	概　要	問合せ先
共通	【再掲】 事業者支援コーディネーター派遣 (TOKYO働きやすい福祉の職場宣言事業)	法人や事業所が日々感じている人材の確保・育成・定着に関する課題を、専門のコーディネーターが整理し、働きやすい職場環境整備にむけて相談・助言等を実施	☎ 生活福祉部 地域福祉課 福祉人材対策推進担当 (03-5320-4095) <委託先>(公財)東京都福祉保健財団 宣言担当(03-3344-8552)
共通	キャリアアップ助成金	非正規雇用労働者の企業内でのキャリアアップを促進するため、正社員化、処遇改善の取組みを実施した事業主に対して助成金を支給	国 各ハローワーク窓口
高齢	【再掲】 人材育成促進支援事業	介護事業所が生産性向上に向けて人材育成の仕組みの構築又は改善を実施した場合に、必要な経費の一部を補助	☎ 福祉保健局 高齢社会対策部 介護保険課 介護人材担当 (03-5320-4267) <委託先>(公財)東京都福祉保健財団 福祉情報部 福祉人材対策室 介護現場改革担当(03-3344-8532)

職員のワーク・ライフ・バランスを推進したい

● 福利厚生を充実させたい

分野	事業名	概要	問合せ先
高齢	東京都介護職員奨学金返済・育成支援事業	在学中に奨学金貸与を受けた職員に対して、奨学金返済相当額を手当として支給する場合に東京都が事業者に対して補助	㊦ 福祉保健局 高齢社会対策部 介護保険課 介護人材担当 (03-5320-4267) <委託先>(公財)東京都福祉保健財団 福祉情報部 福祉人材対策室 介護人材育成担当 (03-6302-0280)
高齢	東京都介護職員宿舎借り上げ支援事業	都内に所在する介護サービスを提供する民間の事業所に対して、介護職員の宿舎の借り上げを支援	㊦ (公財)東京都福祉保健財団 事業支援部 運営支援室 宿舎借り上げ支援事業担当(介護) (03-3344-8548)
障害	東京都障害福祉サービス事業所職員奨学金返済・育成支援事業	在学中に奨学金貸与を受けた職員に対して、奨学金返済相当額を手当として支給する場合に東京都が事業者に対して補助	㊦ 福祉保健局 障害者施策推進部 地域生活支援課 在宅支援担当(03-5320-4325) <委託先>(公財)東京都福祉保健財団 福祉情報部 福祉人材対策室 (03-6302-0280)
障害	東京都障害福祉サービス等職員宿舎借り上げ支援事業	都内に所在する障害福祉サービス等を提供する民間の事業所に対して、職員の宿舎の借り上げを支援	㊦ (公財)東京都福祉保健財団 事業支援部 運営支援室 宿舎借り上げ支援事業担当(障害) (03-3344-7280)

● 長く働き続けることを支援したい

分野	事業名	概要	問合せ先
共通	【再掲】キャリアアップ助成金	非正規雇用労働者の企業内でのキャリアアップを促進するため、正社員化、処遇改善の取組みを実施した事業主に対して助成金を支給	国 各ハローワーク窓口
共通	65歳超雇用推進助成金	65歳以上への定年引上げや高年齢者の雇用管理制度の整備等、高年齢の有期契約労働者の無期雇用への転換を行う事業主に対して助成	国 (独)高齢・障害・求職者雇用支援機構 東京支部高齢・障害者窓口サービス課 (03-5638-2794)
共通	働く人のチャイルドプランサポート事業	不妊症や不育症の治療と仕事を両立できる職場づくりを進める企業を支援	㊦ 産業労働局 雇用就業部 労働環境課 雇用環境整備推進担当 (03-5320-4645)
共通	働くパパママ育休取得応援奨励金	育児中の従業員の就業継続や男性従業員の育児休業取得を推進する都内企業に対して奨励金を支給	㊦ (公財)東京しごと財団 雇用環境整備課 育児支援担当係 (03-5211-2399)
共通	介護休業取得応援奨励金	介護休業取得・就業継続を推進する都内中小企業に対して奨励金を支給	㊦ (公財)東京しごと財団 雇用環境整備課 育児休業促進支援担当係 (03-5211-2399)